essentials

essentials liefern aktuelles Wissen in konzentrierter Form. Die Essenz dessen, worauf es als „State-of-the-Art" in der gegenwärtigen Fachdiskussion oder in der Praxis ankommt. *essentials* informieren schnell, unkompliziert und verständlich

- als Einführung in ein aktuelles Thema aus Ihrem Fachgebiet
- als Einstieg in ein für Sie noch unbekanntes Themenfeld
- als Einblick, um zum Thema mitreden zu können

Die Bücher in elektronischer und gedruckter Form bringen das Fachwissen von Springerautor*innen kompakt zur Darstellung. Sie sind besonders für die Nutzung als eBook auf Tablet-PCs, eBook-Readern und Smartphones geeignet. *essentials* sind Wissensbausteine aus den Wirtschafts-, Sozial- und Geisteswissenschaften, aus Technik und Naturwissenschaften sowie aus Medizin, Psychologie und Gesundheitsberufen. Von renommierten Autor*innen aller Springer-Verlagsmarken.

Weitere Bände in der Reihe http://www.springer.com/series/13088

Carsten Knieriem · Stefan Luppold

Smarte Events

Das Eventmarketing der Zukunft:
Onsite und online wirkungsvoll
kombinieren

Carsten Knieriem
what when why GmbH & Co. KG
Ludwigsburg, Deutschland

Stefan Luppold
IMKEM Institut für Messe-, Kongress-
und Eventmanagement
Kißlegg, Deutschland

ISSN 2197-6708 ISSN 2197-6716 (electronic)
essentials
ISBN 978-3-658-35216-5 ISBN 978-3-658-35217-2 (eBook)
https://doi.org/10.1007/978-3-658-35217-2

Die Deutsche Nationalbibliothek verzeichnet diese Publikation in der Deutschen Nationalbibliografie; detaillierte bibliografische Daten sind im Internet über http://dnb.d-nb.de abrufbar.

Planung/Lektorat: Rolf-Günther Hobbeling
Springer Gabler ist ein Imprint der eingetragenen Gesellschaft Springer Fachmedien Wiesbaden GmbH und ist ein Teil von Springer Nature.
Die Anschrift der Gesellschaft ist: Abraham-Lincoln-Str. 46, 65189 Wiesbaden, Germany

Was Sie in diesem *essential* finden können

- Einen Einblick in die Zukunft der Live-Kommunikation
- Aktuelle Trends und Aspekte für modernes Event-Marketing
- Erläuterung zum Zusammenspiel von Onsite-, Online- und Hybrid Events
- Verständnis für Veranstaltungsformate mit analogen und digitalen Komponenten
- Wirkungsweisen zeitgemäßer Live-Kommunikation mit passgenauer Ausrichtung
- Beispiele für verschiedene smarte Formate
- Praxisrelevante Tipps und eine Checkliste
- Empfehlungen für weiterführende Literatur

Inhaltsverzeichnis

Carsten Knieriem „Fragen stellen. So fangen Erfolge an." Das ist das Credo des Gründers und Geschäftsführers von what when why®. Darum besteht der Name seiner national und international agierenden Event- und Kommunikationsagentur auch aus Fragen. Bereits parallel zum Studium der Wirtschaftswissenschaften, Philosophie und Psychologie, begab sich der ehemalige Leistungssportler das erste Mal in die Selbstständigkeit– natürlich im Event-Business. Es folgten leitende Positionen bei führenden, international agierenden Agenturen wie Vok Dams, TC-Gruppe, PGI Live Communication und MCI. Mit www verwirklicht Carsten Knieriem heute seine Vision von wirkungsvoller Live-Kommunikation und verschmelzt dabei Live-, Digital- und Hybrid-Events zu einem langfristig wirkenden Ganzen. Seine Lieblingstätigkeiten im Job: Innovative und passende Kommunikations-Lösungen entwickeln sowie die Beratung nah am Kunden und mit hoher Praxis-Relevanz. Apropos Lieblingstätigkeiten: Kiten in der Welle und Tennis auf rotem Sand gehören definitiv zu seinen privaten Vorlieben, die er auch gerne mit seiner sechsköpfigen Familie teilt.

Professor Stefan Luppold leitet er an der staatlichen DHBW (Duale Hochschule Baden-Württemberg) Ravensburg den Studiengang „BWL – Messe-, Kongress- und Eventmanagement". Das gleichnamige Institut (IMKEM) hat er 2009 gegründet.

Zuvor war er zwei Jahrzehnte lang in internationale Projekte der Veranstaltungsbranche eingebunden, unter anderem beriet er Manchester United, das Royal Opera House London und das International Convention Centre Durban.

Als Herausgeber von zwei Fachbuchreihen mit aktuell 20 Bänden, als Mitherausgeber des 2017 veröffentlichten „Praxishandbuch Kongress-, Tagungs- und Konferenzmanagement" sowie als Autor und Referent bei Branchenverbänden gibt er sein Wissen weiter.

Als Gastprofessor lehrte er sieben Jahre in Shanghai und ist daneben an europäischen Hochschulen aktiv.

Luppold ist Mitglied in verschiedenen Beiräten.

Von der Begegnungs-Kommunikation zu smarten Events

1

> *„Der direkte persönliche Dialog zwischen Menschen zählt nicht nur zu den Wurzeln der Live Communication, sondern er begründet auch den Ursprung der menschlichen Kommunikation überhaupt"* (Kirchgeorg et al. 2009, S. 4).

Mit dem Fokus auf Marketing-Kommunikation hat sich dieser persönliche Dialog in den vergangenen Jahrzehnten gewandelt; unter anderem durch das Low Involvement der Adressaten (insbesondere Kunden und Interessenten) wuchs seine Bedeutung. Sinkende Aufmerksamkeit, wenn es etwa um Out-of-Home- (z. B. Plakat-) oder TV-Werbung geht, die Überfrachtung mit Marken- und Produktbotschaften sowie eine zunehmende Austauschbarkeit (Homogenität) von Gütern und Dienstleistungen führten dazu, dass eine wertige und wirksame Ansprache speziell durch persönliche Kommunikation erfolgen kann, etwa in Form von Marketing-Events. Der Dialog ermöglicht Rückkoppelung und Reflexion, das persönliche Treffen steht für Wertschätzung und Beziehung, für Austausch und Interaktion.

Dies gilt ganz explizit für Marketing-Events, deren Aufgabe die Vermittlung von Erlebnissen im Rahmen eines inszenierten Ereignisses ist, mit physischen Reizen und Emotionen ausgestattet und Aktivierungsprozesse auslösend (vgl. u. a. Nufer & Bühler, 2015, S. 37). Wir ziehen in diesem Buch jedoch einen Kreis, der mehr als die auf Marken oder Produkte bezogenen Events beinhaltet: Es geht auch um interne Events, um Verbands- und Mitarbeitertagungen, um Management- und Vertriebskonferenzen.

An den Wesensmerkmalen einer Veranstaltung orientiert kann man dies auf

- **Kommunikation** (Information, Gedanken- und Erfahrungsaustausch, Aussprache),
- **Kompetenzerweiterung** (Aus-, Fort- und Weiterbildung, Wissenstransfer, Innovationen),
- **Identifikation & Inspiration** (Motivation, Meinungsbildung, Kundgebung, Überzeugung, Kundengewinnung) und
- **Beschluss** (Debatte, Zielsetzung, Lösungen, Arbeitsauftrag)

beziehen (Bühnert 2021).

Mit Blick auf den Wandel der Begegnungskommunikation in den vergangenen zwei oder drei Jahrzehnten ist erkennbar, dass der stark ausgeprägte Monolog (Vorträge und Präsentationen in abgedunkelten Räumen) meist durchgängig dialogorientierten Konzepten gewichen ist (von *Barcamp* bis *Zukunftskonferenz*). Sie schaffen eine partizipative, interaktive und kollaborative Umgebung, Teilnehmer werden zu Teilgebern und definieren eine Grundlage für gelungene Veranstaltungen, die interessant und gleichzeitig effizient sind, die Besucher als Mitspieler ins Gespräch bringen und neue Denkanstöße liefern (vgl. Knoll 2018).

▶   **Also:** Teilnehmer werden zu Beteiligten und von Beteiligten zu Botschaftern – durch Aktivieren, Involvieren und Partizipieren!

Ein weiterer Aspekt des Wandels bezieht sich auf die Verflechtung von analogen und digitalen Komponenten – Anfang der 2010er-Jahre taucht der Begriff der *Hybridität* bzw. der *Hybrid Events* auf. Während Hybrid Events in den USA eher als (virtuelles) Zusatzevent verstanden wurden, hat sich in unseren Breiten eine physisch-digitale Mischform aus Live-Events und virtueller Kommunikation etabliert. Hybrid Events verbinden das Event im realen Raum mit mobilen Applikationen, Social-Media-Anwendungen und Location Based Services (Dams und Luppold 2016). Das traditionelle Event als physische Veranstaltung in einem realen dreidimensionalen Raum bildete den Kern, das zentrale Element – und dessen Verstärkung – erfolgte durch digitale Kommunikation im Vor-, Haupt- und Nachfeld der Veranstaltung bzw. der Pre-, On- und Post-Communication.

Interessant ist, dass Live-Kommunikation stets – teilweise bis heute – mit der Vorstellung gleichgesetzt wird, sich mit allen Teilnehmern in einem wirklichen, dreidimensionalen Raum zu befinden. Dabei steht *live* nicht explizit für die reale Anwesenheit, sondern auch für die Zeit, in der etwas stattfindet (jetzt gerade – z. B. die Live-Übertragung einer Pressekonferenz oder eines Fußballspiels).

> **Halten wir fest:** Auch die Teilnahme an einem Event via Internet
> und Computer ist **live,** ich bin damit im Hier und Jetzt.

So sehr wir uns in der Definition der mit Events verbundenen Begriffe der beiden Welten üben – analog und digital oder real und virtuell oder physisch und
remote – so wenig zielführend ist dies, geht es doch um Wirkungen, um Ziele,
um Zielgruppen und um nachhaltige Ergebnisse. Aus diesem Grund muss eine
qualitative Orientierung der technischen vorausgehen: Wie lautet die Aufgaben-
und Zielstellung für eine Live- bzw. Begegnungskommunikation, wie kann ein
wirksames Konzept erarbeitet und wie umgesetzt werden?

Mit *Hybrid Events* haben wir bereits einen solchen Ansatz, der diese Welten verbindet, heute in einer weiterentwickelten Form der Kombination: Es geht
nicht mehr darum, dass eine Person (ein Teilnehmer, ein Kunde, ein Besucher)
sowohl über analoge als auch digitale Kommunikationskanäle angesprochen wird,
sondern darum, dass die Veranstaltung selbst diese Dualität anbietet: Teilnehmer können zentral vor Ort, in kleineren Gruppen verteilt und digital verbunden
oder aus dem Homeoffice zugeschaltet sein. Alles live, alles direkt, mit auf die
Ziele ausgerichteter Interaktion. Verständlich, dass wir in einer solchen Mischform Emotionen und Reize differenziert angehen müssen – aber sie bleiben
Gestaltungselemente, ebenso wie Gamification oder Multisensorik.

Auch wenn von einigen Protagonisten bereits das Streaming eines Events
als Hybridisierung bezeichnet wird: Ein bloßes Übertragen von Veranstaltungs-
inhalten nach außen, ohne jedoch die so Angesprochenen mit in partizipative
Gestaltungsprozesse oder kollaborative Sessions einzubinden, entspricht nicht
dem, was man unter hybriden Events versteht. Zu Recht wird immer wieder pos-
tuliert, dass es keine Zwei-Klassen-Gesellschaft geben darf und alle Teilnehmer
– egal ob vor Ort oder remote – gleich (wertig) behandelt werden. Jedoch schlägt
hier Pragmatismus einen möglichen Hybrid-Hype: Wenn es darum geht, ergän-
zend zu den aktiv Miteinbezogenen weitere Personen informativ zu versorgen,
dann erfährt auch (Live) Streaming Relevanz.

> In verschiedenen Diskussionen wird aktuell ein neues Begriffspaar
> verwendet: *onsite* und *online.* Es löst die etwas unglückliche Bezeich-
> nung *virtuell* ab, die im internationalen Kontext vielleicht als *fiktiv*
> oder *scheinbar* interpretiert wird. Was es nicht trifft, denn der vir-
> tuelle Teilnehmer ist kein hypothetischer, sondern eben online statt
> onsite.

Und der virtuelle Raum ist – wenn auch ein realer und kein physischer – doch auch ein Raum (in einigen Fällen ein sogenannter 3-D-Datenraum). Um sich dann doch ein Stück aus diesem Definitions-Dschungel zurückzuziehen, greifen wir auf einen Begriff zurück, der als Post-Hybridität von verschiedenen Branchen-Experten als Weiterentwicklung der bisherigen Hybrid Events genannt wurde: **smarte Events.** So unter anderem Bernd Fritzges, der als Vorstandsvorsitzender des VDVO (Verband der Veranstaltungsorganisatoren e. V.) vorschlug, zukünftig mit dieser Bezeichnung zu arbeiten.

Wir lösen uns in diesem Buch von einer irreführenden, zu engen (oder zu weiten) Fassung von Fachausdrücken.

▶   Im Zentrum von smarten Events steht das, was man unter smart versteht: schlaue, zeitgemäße Live-Kommunikationskonzepte, die die Möglichkeiten von Onsite und Online im Sinne einer besseren Zielerreichung kombinieren.

Und in welchem Mischungsverhältnis sich dann analog und digital – oder wie auch oft zu lesen ist *phygital* – zeigen, das ergibt sich aus dem inneren Antrieb, der Zielsetzung, der Erreichbarkeit der Zielgruppen, den erweiterten Möglichkeiten, also dem Impetus: es smart zu machen!

Und wenn schon ein Loslösen von eher *Technical Terms* erfolgt, um sich richtigerweise einer Ziel- und Ergebnisorientierung hinzuwenden, dann vielleicht auch mit der Berücksichtigung eines erweiterten Verständnisses von Marketing und Kommunikation. Da orientieren wir uns an dem sogenannten 360-Grad-Ansatz:

„360-Grad-Marketing lautet die neue, erweiterte Marketingperspektive: 360-Grad-Marketing ist eine koordinierende Führungsfunktion mit konsequenter Ausrichtung des gesamten Unternehmens auf die Erwartungen der Kunden und der anderen Stakeholder." (Wiesner, 2020, S. 40).

Die Beziehungspflege zum gegenseitigen Nutzen der Beteiligten ist vielleicht die vornehmste Aufgabe einer Kommunikation, die direkt und persönlich erfolgt – und muss, als integrierte Stakeholder-Interaktion, zweifelsfrei möglichst *smart* angelegt sein.

Das neue Normal der Live-Kommunikation – Smarte Events

2

Einleitung

Insbesondere der in der Corona-Pandemie erfolgte Digitalisierungs-Boost hat den Blick dafür frei gemacht, die klassische Live-Kommunikation durch sinnvolle Möglichkeiten der digital gestützten Kommunikation zu erweitern. Ausgelöst durch die weitgehenden Einschränkungen, bis hin zum Verbot durch den Gesetzgeber, sich physisch in größeren Gruppen treffen zu dürfen, ist dem etablierten Geschäftsmodell der Eventbranche schlicht die Grundlage entzogen worden.

In der Folge können vielfältige Bemühungen beobachtet werden, zielgerichtete Kommunikation in Gang zu halten und das physische Zusammentreffen von Stakeholdern (vom Konzertbesucher bis zum Teilnehmer am B2B-Event) zu simulieren. Mit softwarebasierten Videokonferenzsystemen wie Microsoft Teams, Zoom, WebEx und anderen wird versucht, die Lücke zu füllen, die durch den Wegfall der realen Begegnung entstanden ist.

> Die damit einhergehende Eingrenzung der menschlichen Wahrnehmung auf die Sinne Hören und Sehen macht aber schnell deutlich, dass Videokonferenzen kein vollständiger Ersatz für Live-Kommunikation mit Strahlkraft sein können. In diesem Buch nennen wir diesen Effekt den „digitalen Filter". Er bringt eine spürbare Limitierung wichtiger Wirkungsmechanismen klassischer Onsite-Events mit sich.

C. Knieriem und S. Luppold, *Smarte Events,* essentials, https://doi.org/10.1007/978-3-658-35217-2_2

Videokonferenzen sind keine Online-Events

Zunächst einmal müssen wir mit einem weitverbreiteten Irrtum aufräumen. In vielen Diskussionen werden Online-Events als Videokonferenzen übersetzt. Die Erfahrung mit unzähligen Videokonferenzen belegt zweifellos, dass es sich hierbei um effiziente digitale Arbeitsplattformen handelt. Erweitert durch Softwareapplikationen für vertiefende Online-Kollaboration wie Mural, Collaboard, Whiteboard und andere, können auf dieser Basis konkrete Arbeitsergebnisse erzielt werden.

Allerdings fehlt diesen effizienten Arbeitsplattformen ein wesentlicher Teil der Wirkungsmechanismen menschlichen Seins: Der digitale Filter begrenzt die emotionalisierenden Faktoren. Das „soziale Wesen" Mensch nährt sich aber auch und gerade von der Befriedigung wichtiger psychischer Grundbedürfnisse. Das Gefühl von Zusammenhalt, Stärke, Zugehörigkeit, Sicherheit und Selbstwertgefühl wird in der direkten sozialen Interaktion um ein Vielfaches mehr gestärkt und gefördert als alleine vor dem Bildschirm. Der Mensch braucht beides: die faktische Dimension ebenso wie die emotionale.

▶ **Kurz:** Videokonferenzen sind im engeren Sinn keine Online-Events. Ihnen fehlt es an nachhaltiger Strahlkraft und emotionalisierenden Faktoren.

Online-Events als wichtiger Teil reichweitenstarker Live-Kommunikation

Die Unterscheidung zwischen Onsite-Events und Online-Events wurde in Kap. 1 bereits beschrieben. Aus der Kombination entstehen hybride Eventformate. Richtig kombiniert entstehen smarte Eventkonzepte. Aber dazu später mehr.

▶ **Im Grunde unterscheiden sich Onsite-Events und Online-Events nur in zwei Punkten:**

1. Die Reichweite kann bei Online-Events problemlos und nahezu kostenneutral erhöht werden, und.
2. die Möglichkeit zum direkten, unmittelbaren Networking und Socializing, also zur realen Interaktion, gibt es explizit nur in der persönlichen physischen Begegnung.

In der Folge besteht die Herausforderung für die Live-Kommunikation entsprechend darin, die wichtigen sozialen Grundbedürfnisse des Menschen auch mit Online-Events zu aktivieren. Aus Teilnehmern Teilgeber zu machen heißt also auch hier die Wirkungsformel.

Das Ziel: Wirkung, Motivation, Identifikation, Commitment.

Das Vehikel: Die Teilnehmer aktivieren, involvieren, begeistern und ins **Tun** bringen.

Richtig geplant und umgesetzt können die in technischer und dramaturgischer Hinsicht bislang doch eher stiefmütterlich behandelten Online-Events das Spektrum zukünftiger Handlungsalternativen der Live-Kommunikation wesentlich erweitern – und das nicht nur unter Pandemie-Bedingungen.

Acht Gründe, warum Online-Events zukünftig als feste Größe neben Onsite-Events rücken:

1. Online-Events schaffen die Möglichkeit, Zielgruppen nahezu unbegrenzt und ortsunabhängig, national und international zu erweitern sowie zeitgleich und gleichwertig **aktiv** in das Geschehen einzubinden.
2. Die professionelle Inszenierung von Online-Events ermöglicht es den Veranstaltern, überraschend und innovativ aufzutreten.
3. Online-Events sind besonders geeignet für das intensive Zielgruppenmanagement, z. B. durch die einfache Durchführung paralleler Gruppen-Sessions, die Integration von CRM-Tools sowie gezielte Trackingmaßnahmen.
4. Die konsequente Einbindung begleitender digitaler Kommunikationstools wie z. B. Event- oder Community-Apps ermöglicht einen nachhaltigen Zielgruppen-Dialog (Pre-, On-, Post-Communication) und das 24/7 on demand.
5. Die Wirksamkeit von Online-Events kann durch systematische Evaluierung, z. B. Pre- und Postmessung sowie beispielsweise die Messung von Aktivierungsraten während des Events, exakt belegt werden.
6. Durch eine professionelle Dramaturgie, wechselnde und kurzweilige Präsentationsformate, gezielten Medieneinsatz sowie die Möglichkeit, definierte inhaltliche Parts vorzuproduzieren, steigen die Effektivität (Wirksamkeit) und die Durchführungssicherheit.
7. Die ökologischen Vorteile von Online-Events liegen auf der Hand. Wenn Daten reisen anstatt Menschen, reduziert sich der ökologische Fußabdruck eines Events sofort und deutlich messbar.

8. Online-Events sind ökonomische Events. Einem Mehr an Investition in die Aufbereitung der Inhalte, die mediale Inszenierung und die Vorbereitung steht ein Weniger an Reisekosten, Catering und Übernachtungskosten gegenüber.

▶ **Und trotzdem:** Auch wenn die oben genannten Gründe richtig und durchaus überzeugend sind und für den wiederholten Einsatz von Online-Events sprechen: Nichts ersetzt die Stärken eines Onsite-Events: Networking, Socializing und Zugehörigkeitsgefühl entstehen vor allem in der realen Begegnung. Sie sind die elementaren, wesentlichen Triebfedern für die Zielerreichung durch menschliches Handeln. Die Zukunft liegt also in der Kombination von Onsite- und Online-Kommunikation.

Smarte Events: Die Zukunft der Live-Kommunikation

Der hohe Wirkungsgrad professionell gemachter Live-Kommunikation muss an dieser Stelle nicht weiter erläutert werden. Dafür ist die Erfolgskurve der Branche zu steil und ihre Bedeutung zu groß. Das belegen eindrucksvolle Zahlen. Eine Studie von 2020 zeigt, dass die Veranstaltungsbrache den sechsten Platz in Deutschland belegt (Ranking der Wirtschaftsbranchen, angeführt vom Kraftfahrzeugbau), mit über 130 Mrd. Euro generierter Wertschöpfung und einer Million beschäftigter Menschen (RIFEL 2020).

Die aktuelle Entwicklung belegt zusätzlich, dass mit der professionellen Ausgestaltung von Online-Events die Live-Kommunikation ein weiteres wirkungsvolles Mittel in der Hand hält, um Zielgruppen und Stakeholder ortsunabhängig, erfolgreich und nachhaltig anzusprechen und einzubinden.

Die Zukunft der Live-Kommunikation hat also bereits begonnen: Sie liegt in der Verbindung der Vorteile und Möglichkeiten der Online-Kommunikation mit den einzigartigen Stärken der Onsite-Kommunikation. Die Kombination dieser beiden Welten öffnet die Tür in das Feld der 360-Grad-Kommunikation und damit in ein kommunikatives Gesamterlebnis mit echtem Mehrwert. Wenn beide Welten

also miteinander verwoben werden, ihre jeweiligen Stärken zielgerichtet eingesetzt, der physische Raum um den digitalen erweitert wird, dann öffnet sich eine
Welt nahezu unbegrenzter kommunikativer Möglichkeiten.

Das Know-how und die richtigen Tools stehen dafür bereits zur Verfügung,
und laufend kommen neue digitale Lösungen hinzu, die das Spektrum erweitern
– Lösungen, die die Wirkung von Live-Kommunikation zeitlich, örtlich und in
Bezug auf ihre Wirkungsdauer verlängern und damit noch bedeutsamer machen.

Die Voraussetzungen dafür sind die systematische Planung und die konsequente und nachhaltige Umsetzung. Die Digitalisierung führt dazu, dass
Kommunikation umfassender, aktueller, nachvollziehbarer und noch viel mehr
involvierend gestaltet werden kann.

Konsequenterweise werden zukünftige Kommunikationskonzepte so aufge-
baut, dass sie die Onsite-Events noch stärker und bewusster als Leuchtturm-
Veranstaltungen in den Mittelpunkt einer Kommunikationskampagne stellen. Sie
werden zu echten Highlights, deren zentrale Bestandteile die Begegnung und der
Austausch von Mensch zu Mensch sind.

Idealerweise ergänzen Online-Events das Szenario – als Bausteine einer strategisch geplanten Kommunikationsstrecke bzw. als hybride Eventkonzepte. Die
Nutzung von Event- und Community-Apps sowie die temporäre Einbeziehung
von Zielgruppen über Online-Partizipation (Pre-, On- und Post-Communication)
ermöglichen intelligente, attraktive und kosteneffiziente Kommunikationslösun-
gen.

▶   Im Zeitalter des „New Normal" werden Kommunikationskonzepte
       – die die Verbindung von online und onsite, von live und digital,
       von zusammenhängenden, aufeinander aufbauenden Kommunikati-
       onsstrecken (360-Grad-Kommunikation) ermöglichen – richtungs-
       weisende Antworten auf die drängenden Fragen nach effektiver,
       emotionaler und nachhaltiger Kommunikation sowie auf die Zukunft
       der Branche geben.

Die Herausforderung, den Zielgruppen und Stakeholdern zukünftig mit speziell
zugeschnittenen Formaten eine Vielzahl an Möglichkeiten der Interaktion und des
Involvements zu bieten, wird dabei noch größer werden. Auch und gerade die
Teilnehmer digitaler oder hybrider Events wollen wahrgenommen werden, sich
als Teil eines größeren Ganzen fühlen und die Themen aktiv mitgestalten können.
Willkommen in der neuen Welt der smarten Events.

Live im Mix zweier Welten

3

Einleitung – Der Relevanzfaktor

Menschen aktivieren und involvieren, informieren und motivieren, sie aktiv in das Geschehen einbinden und Teil des Ganzen werden lassen – das sind die Ziele professioneller (Live-)Kommunikation. Letztendlich geht es in unserem (Wirtschafts-)Leben immer um Kommunikation. Auch Nicht-Kommunikation ist Kommunikation. Allerdings keine gute. Schauen wir uns die Rahmenbedingungen heutiger Wirtschaftskommunikation an.

In einer digitalisierten Welt nimmt die Veränderungsgeschwindigkeit rasant zu. Die Welt wird immer komplexer. Immer mehr Informationen schaffen immer mehr Zusammenhänge. Gleichzeitig bedingt immer mehr verfügbares Wissen immer neue Kombinations- und Entwicklungsmöglichkeiten. Es ist gerade einmal etwas über 30 Jahre her, dass das Internet seinen Siegeszug antrat und damit die digitale Revolution maßgeblich ermöglichte. Die große Herausforderung dabei: Während sich die Technologie exponentiell entwickelt, bleibt der Mensch doch eher linear in seinen Entwicklungsmöglichkeiten. Dennoch führen Digitalisierung, exponentielle Technologieentwicklung, Informationstransparenz und Vernetzung zu intensiverer, durchdringender und komplexerer Informationsvermittlung. Damit geht einher, dass für den Menschen ein immer Mehr an Informationen zwangsläufig den realen und erst recht den empfundenen Komplexitätsgrad erhöht.

Spätestens seit der Amtszeit von Donald Trump ist klar, dass einem „immer mehr" an verfügbarem Wissen ein „immer weniger" an echtem, gesichertem Wissen gegenübersteht. Immer mehr Fake-News verbreiten sich viral – nehmen massiv Einfluss auf Wahrnehmungen und damit auch auf Wahlentscheidungen

C. Knieriem und S. Luppold, *Smarte Events,* essentials, https://doi.org/10.1007/978-3-658-35217-2_3

(persönlich, politisch, wirtschaftlich). Unterm Strich lässt sich festhalten, dass es immer schwieriger wird, echtes Wissen und faktisch valide Informationen von „alternativen Fakten"*[1] zu unterscheiden.

Die Menge, die Art und die Vielzahl an Kanälen, über die Informationen verbreitet werden, führen zwangsläufig zu einer echten respektive gefühlten Orientierungslosigkeit. Denn es ist extrem schwierig geworden, relevante, wichtige und richtige Informationen erkennen zu können. Es fehlt schnell an Orientierungsmöglichkeiten und damit generell an Orientierung bei den sich analog entwickelnden Menschen. Und ohne klare Orientierung ist es zwangsläufig schwierig, sich zielgerichtet zu bewegen bzw. Unternehmens- und Entwicklungsziele verfolgen zu können. In diesem Umfeld wird dann auch unmittelbar klar, dass zielgerichtete, kontinuierliche, belastbare und relevante Kommunikation zu einem immer entscheidenderen Erfolgsfaktor wird.

Es stellt sich also umso mehr die Frage, welche Faktoren zu beachten sind, um – mit den Mitteln der Live-Kommunikation – Stakeholdern und Zielgruppen **relevante Botschaften** und damit **Orientierung** zu vermitteln.

> **Im Wesentlichen sind es acht Faktoren, die Kommunikation relevant machen und somit für Orientierung sorgen:**
> 1. Klare, nachvollziehbare Botschaften
> 2. Überprüfbare Fakten
> 3. Nahbare und authentische (also gut vorbereitete) Protagonisten
> 4. Einnehmende Stories, die Betroffenheit erzeugen
> 5. Konkrete, emotionalisierende Beispiele
> 6. Beteiligungs- und Interaktionsmöglichkeiten der Stakeholder und Zielgruppen
> 7. Nachhaltiger, dialogischer Prozess (im Austausch bleiben)
> 8. Penetration der Botschaften auf den relevanten Kanälen

---

[1] ***Alternative Fakten** (englisch *alternative facts*) ist eine Formulierung von Kellyanne Conway, Beraterin des seinerzeitigen US-Präsidenten Donald Trump von 2016 bis August 2020. Im Januar 2017 benutzte sie diese Formulierung während eines Interviews in der amerikanischen Polit-Talksendung *Meet the Press,* um falsche Aussagen des Pressesprechers des Weißen Hauses Sean Spicer zur Publikumsgröße während Trumps Amtseinführung vor dem Kapitol zu rechtfertigen. In Deutschland und in Österreich wurde „alternative Fakten" zum Unwort des Jahres 2017 gewählt. (wikipedia)

▶ Letztendlich ist Relevanz das Ergebnis von Wirkung. Und Wirkung wird erzeugt, wenn gut gemachte Kommunikation eindeutige
Orientierung gibt.

360-Grad-Kommunikation

Marketing wird nicht nur auf Kunden gerichtet, sondern auch auf die Beschaf-
fungsseite und auf alle gesellschaftlich relevanten Gruppen (vgl. Wiesner, 2020,
S. 128). Damit verbunden ist nicht nur der Gesamtblick auf alle, die aus Sicht des
Unternehmens in einem Kommunikationskonzept mitberücksichtigt werden müs-
sen, sondern insbesondere sich zu lösen von singulären und eng zugeschnittenen
Events hin zu einem gemischten und in Kampagnen eingebundenen Austausch.

Das bedeutet, dass Kommunikation durchaus gleichzeitig – und in vielen
Fällen dadurch besonders wertig – mit verschiedenen Stakeholder-Gruppen statt-
finden kann. Beispiele hierfür finden sich unter anderem in den Konzepten
„Zukunftswerkstatt" oder „Innovationswerkstatt", wo gerade die Heterogenität der
Beteiligten eine Voraussetzung für die Qualität der Ergebnisse ist (vgl. Luppold,
2015). Während dies häufig Einzel-Events sind, werden typische Anwender-
Tagungen (User Conferences) als regelmäßig wiederkehrender Austausch mit
Kunden und anderen Beteiligten ohne definiertes Ende veranstaltet. Sie schaffen,
wie etwa von Apple (WWDC Worldwide Developer Conference) oder SAP (Sap-
phire), eine *ongoing conversation* – einen fortgesetzten Austausch (vgl. Luppold,
2018).

Die Idee von 360-Grad-Marketing, mit dem Fokus auf Kommunikation, ist
nicht neu. Allerdings verschafft uns der durch die Pandemie verursachte Quan-
tensprung in der Digitalisierung von Events neue Möglichkeiten, dies umzusetzen.
Das erfordert ein Umdenken, sich zu lösen von traditionellen Formaten und
Strukturen. Entlang der Ziele – einmal mehr müssen diese überprüft und gege-
benenfalls angepasst werden – und mit dem erweiterten Werkzeugkasten zur
Gestaltung hybrider Events ausgestattet, können Unternehmen, Verbände etc. ihr
kommunikatives Aktionsfeld von einem eingeschränkten Bereich auf Rundum-
sicht erweitern. Physische und virtuelle Präsenz ergänzen sich, eine Storyline
findet ihre Realisierung in mehreren Teil-Events und das Ziel definiert den Weg.

Anspruchsvoll ist der richtige Terminus, versucht man das große Ganze zu
fassen. Strategisch beschreibt die auf langfristige (und nachhaltige) Wirkung
ausgelegte Kommunikation und **Emotion Engineering** deren Umsetzung in Maßnahmen, die den angesprochenen Stakeholder-Gruppen Orientierung, Motivation

und Identifikation geben. Emotion Engineering bezeichnet hierbei die wirkungsvolle Kombination der faktischen Dimension mit der emotionalen Dimension, im
Sinne der optimalen Zielgruppenerreichung.

Live im Mix zweier Welten

In den vorherigen Kapiteln sind wir bereits darauf eingegangen, wie sich Onsite-
Events und Online-Events voneinander unterscheiden. Ebenso haben wir darauf
hingewiesen, welch enormes Potenzial in der Verbindung beider Welten besteht.
Last but not least haben wir beleuchtet, dass in der digitalisierten Informations-
gesellschaft geradezu eine Verpflichtung entsteht, relevant zu kommunizieren und
damit Orientierung zu geben, um die große Chance zu wirksamer Kommunikation, die durch die Verbindung von Online- und Onsite-Events entsteht, nicht zu
verspielen.

Wie auch zuvor beschrieben, lösen wir uns in diesem Buch von einer zu
engen (oder zu weiten) Fassung von Fachausdrücken und stellen die Bedeutung
von smarten Events ins Zentrum unserer Betrachtung. Dies alles mit dem Ziel
zu zeigen, welche Möglichkeiten sich ergeben, schlaue und zeitgemäße Live-
Kommunikationskonzepte zu entwickeln, die die Möglichkeiten von Onsite und
Online im Sinne einer besseren Zielerreichung kombinieren.

Um die vielfältigen Möglichkeiten der Online-Events mit den Möglichkeiten von Onsite-Events zu vergleichen, zu verstehen und letztlich in o. g. Sinne
kombinieren zu können, nehmen wir aber dennoch eine Kategorisierung und
damit eine Definition der Möglichkeiten **smarter Events** vor (siehe Tab. 3.1).
Neben der Benennung und Beschreibung der einzelnen Eventformate sowie deren
Wirkungsziele haben wir noch zwei weitere wichtige Unterscheidungskriterien
herangezogen: die „Aktivierungs- und Involvierungsmöglichkeiten" (Grad der
Interaktion) sowie die „Einschränkung durch den digitalen Filter". Je stärker die
Wirkung des digitalen Filters, desto geringer die Emotionalisierungsmöglichkeiten
dieser Eventkategorie.

Aufgrund der großen Anzahl von variablen Elementen in den Eventkategorien
geben wir die beiden letzten Unterscheidungskriterien auf einer weichen Skala
von „keine" bis „sehr groß" an.

Tab. 3.1 Eventformate

Eventformat	Beschreibung	Wirkungsziele	Grad der Interaktion mit den Teilnehmern	Einschränkung durch digitalen Filter	Beispiel
One-way Streaming-Event	Übertragung von Events, Vorträgen vom Ort des Geschehens in die Welt	Erweiterung der Reichweite eines Events	Gering	Mittel – groß	Pressekonferenzen, Vorträge
Videokonferenz	Konkrete Arbeitsebene, Sach- und Prozessthemen, Ideenentwicklung, Ergebnisfindung und -diskussion	Effiziente Erarbeitung und Abstimmung auf Sach-, Prozess-, Ergebnisebene	Hoch	Mittel	Seminare, Workshops
Online-Event	Vergleichbar mit Onsite-Event, aber Teilnahme über eigenen PC/Mobile Device, hoher Involvierungsgrad der Teilnehmer, intensive Vermittlung von Inhalten, sehr hohe Ansprüche an Konzept und Dramaturgie	Innovativer Auftritt des Absenders, gezielte, skalierbare Interaktion mit den Stakeholdern, Erweiterung der Reichweite, (temporäre) Einbindung von weiteren Zielgruppen, (starke Reduzierung des Reise- und Übernachtungsaufwands)	Sehr hoch	Gering	Produktpräsentationen, Strategie- und Change-Themen
Hybrid Event	Hybrid Events kombinieren Onsite- und Online-Event smart. Primär- und Sekundärzielgruppen können beteiligt werden. Erhöhung der Reichweite über digitale Kanäle ebenso möglich wie die physische Interaktion	Innovativer Auftritt des Absenders, optimale Einbeziehung aller Zielgruppen, perfekte Verbindung der faktischen mit der emotionalen Wahrnehmungsdimension, Erweiterung der Reichweite, temporäre Einbindung von weiteren Zielgruppen, (hoher finanzieller Aufwand und höchste Wirksamkeit)	Sehr hoch	Gering – keine	Universell

(Fortsetzung)

Tab. 3.1 (Fortsetzung)

Eventformat	Beschreibung	Wirkungsziele	Grad der Interaktion mit den Teilnehmern	Einschränkung durch digitalen Filter	Beispiel
Multi-Hub-Streaming	Invertiertes Hybrid Event, Teilnehmergruppen in mehreren Locations (national und international). Sie nehmen so am Online-Event teil, können aber onsite in den Austausch gehen	Regionen, Niederlassungen, Unternehmens- und Funktionsbereiche können zielgerichtet geclustert werden. Vermittlung der zentralen Inhalte an alle Hubs und von allen Hubs, individuelle Erarbeitung von Themen und Socializing in den Hubs. (Reduzierung des Reise- und Übernachtungsaufwands, höhere Kosten durch Vielzahl an Locations und technischer Ausstattung)	Hoch – sehr hoch	Gering	Führungskräftetagungen, Sales-Meetings
Virtuelle Expo/ Virtuelle Eventplattformen	Virtuelle Messen sowie -Eventplattformen basieren auf einem digital geschaffenen Abbild der Realität. Der 3-D-Datenraum ersetzt also den realen, physischen Raum	Aussteller und Besucher haben grundsätzlich die gleichen Interessen wie bei einer konventionellen Messe. Direkte Interaktion (online) zwischen Aussteller und Besucher möglich	Mittel	Mittel – hoch	Branchenmessen, Hausmessen, Konferenzen

Smarte Events: Beschreibung und Praxisbeispiele

4

Eventkategorie 1: One-way Streaming-Event

Beschreibung

One-way Streaming-Events oder auch klassische Streaming-Events gibt es schon lange. Der Zweck dieser Eventform liegt in der Erweiterung der Anzahl der Empfänger eines Onsite-Events. Im Wesentlichen wird dabei das Geschehen vor Ort live und somit zeitgleich in die entsprechenden Online-Kanäle übertragen. Sie können in gewisser Weise als Vorläufer der sogennanten Hybrid Events gesehen werden. Ein typisches Beispiel sind Presse-Events bei Fahrzeugeinführungen.

Beispiel Weltpremiere Concept Cars Mercedes-Benz X-Class

Shortfacts:

- Kunde: Mercedes-Benz
- Anlass: Weltpremiere der Concept-Cars X-Class
- Zielgruppe: Presse
- Anzahl der Teilnehmer vor Ort: 160
- Termin: Oktober 2016
- Dauer: 6 h
- Agentur: Oliver Schrott Kommunikation, Köln

Die Einführung eines neuen Modells ist für jeden Autohersteller ein herausragendes Ereignis. Um die größtmögliche Aufmerksamkeit und Reichweite zu erzielen, werden regelmäßig die wichtigsten Multiplikatoren, die Fachjournalisten, dazu

© Der/die Autor(en), exklusiv lizenziert durch Springer Fachmedien Wiesbaden GmbH, ein Teil von Springer Nature 2021
C. Knieriem und S. Luppold, *Smarte Events,* essentials,
https://doi.org/10.1007/978-3-658-35217-2_4

eingeladen, die Neuigkeiten als Erste im Detail zu entdecken. Ein wesentliches Kriterium für das zahlreiche Erscheinen der Journalisten ist die Exklusivität der Information, verbunden mit der Enthüllung der innovativen Fahrzeuge vor Ort. Aufwendig inszenierte Showkonzepte inmitten einzigartiger Locations vermitteln den ausgesuchten Gästen die Besonderheiten der Fahrzeuge – faktisch und emotional. Für die Einführung der Mercedes-Benz X-Class (MB X-Class) wurde dieses erfolgreiche Konzept erstmalig erweitert.

Die Idee: Einbeziehung der Online-Kanäle bei gleichzeitiger Beibehaltung der Exklusivität des Events vor Ort. Dazu wurde es erfolgreichen Influencern ermöglicht, ihren Followern einen exklusiven Einblick in die Weltpremiere der MB X-Class zu ermöglichen. Teil des Konzeptes war es auch, dass den Influencern das Privileg zukam, die Kommunikation über die Sozialen Medien zu eröffnen und die Weltpremiere anzukündigen. Dies hatte eine enorm positive Auswirkung auf die mediale Wahrnehmung weltweit. Das gelungene Konzept bescherte der Daimler AG bereits 2016 eine mediale Reichweite von über 120 Mio. Menschen.

Der Stuttgarter Autobauer Daimler entwickelte 2016 eine neue Baureihe, die Mercedes-Benz X-Class, einen Mid-Size Pick-up. Die Einführungskampagne sollte der Startschuss sein, die Zielmärkte Südamerika, Südafrika sowie Australien in diesem Segment zu erobern. Um die beiden Concept-Cars der Weltöffentlichkeit zu präsentieren, lud Mercedes-Benz rund 160 Journalisten und angesagte Influencer nach Stockholm zur Weltpremiere ein.

Die Verlängerung des Onsite-Events via Stream:

Die Ankündigung der Influencer öffnete allen Interessierten erstmalig die Möglichkeit, eine Weltpremiere mitzuerleben. Die als One-way Streaming-Event konzipierte Veranstaltung erweiterte die Reichweite der Fahrzeugpremiere um ein Vielfaches; die digital zugeschalteten Zielgruppen konnten sich sogar – in einfachem Rahmen – mit einbringen. Die Aktivierung von Emojis wie ThumpsUp, Applaus etc. vermittelte diesen Teilnehmern das Gefühl, sich beteiligen zu können und somit mehr als nur Zuschauer zu sein.

Um die Besonderheit der beiden Modelle darzustellen, wurde das Kunstmuseum *Artipelag* (https://artipelag.se) nahe Stockholm ausgewählt und in zwei Aktionswelten umgestaltet, die die zukünftigen Einsatzgebiete der Fahrzeugvarianten repräsentierten: „Work" und „Urban". Konsequent wurde die Aktionswelt „Work" mit Naturaspekten wie z. B. großen Eichenstämmen und dem entsprechenden Mobiliar ausgestattet, das Thema „Urban" mit klaren Linien, Glas- und Stahlelementen, um die städtische Umgebung zu assoziieren. Selbstverständlich wurde auch das Cateringkonzept an die beide unterschiedlichen Ausprägungen angepasst.

Nachdem die Teilnehmer einzelne Workshops zu den Themen rund um Pick-up durchlaufen hatten, nahmen sie Platz vor der großen Bühne. In einer atemberaubenden Show präsentierte Daimler CEO Dieter Zetsche die MB X-Class Powerful Adventure sowie die MB X-Class Stylish Explorer.

Ein wirklich starkes Ergebnis für die Teilnehmer vor Ort und weltweit für die Teilnehmer des Live-Streams.

Abb. 4.1 ThumpsUp für die neue MB X-Class.
(Quelle: www.mercedes-fans.de)◄

Eventkategorie 2: Videokonferenz

Beschreibung

Auch wenn wir die Meinung vertreten, dass Videokonferenzen à la Teams, Zoom, Big Blue Button oder WebEx im engeren Sinne keine typischen Online-Events sind, spielen sie in der Diskussion um wirkungsvolle Live-Kommunikation sehr wohl eine Rolle. Bei der Aktivierung und Involvierung der Teilnehmer stellen die Inhalts-

und Sinnkomponenten die entscheidenden Faktoren dar, wenn es darum geht, aus Teilnehmern Beteiligte zu machen und aus Beteiligten Botschafter. Letzteres funktioniert nur, wenn die Teilnehmer aktiv Inhalte mitgestalten können. Dies ist bei Videokonferenzen explizit möglich. Videokonferenzen werden verstärkt bei Seminaren, zur Bearbeitung von Sach- und Prozessthemen sowie zur Ideenentwicklung, Ergebnisfindung und -diskussion eingesetzt.

Beispiel Videokonferenz für bayerische Bürgermeister

Shortfacts:

- Kunde: Landesnetzwerk Bürgerschaftliches Engagement Bayern e. V.
- Anlass: Konferenz der Bürgermeister in Bayern zum Thema „Nachhaltigkeit auf kommunaler Ebene"
- Zielgruppe: Bürgermeister aus Bayern
- Anzahl der Teilnehmer: 120 Pax
- Termin: Juli 2020
- Dauer: 3 h
- Agentur: what when why, Ludwigsburg

Das Netzwerk-Event des Landesnetzwerks Bürgerschaftliches Engagement Bayern e. V. (LBE) und des Bayerischen Staatsministeriums für Familie, Arbeit und Soziales (StMAS) wird zur erfolgreichen, interaktiven Videokonferenz.

Von der Familienberatung über den Sportverein bis zur Seniorenarbeit: Bürgerschaftliches Engagement hat viele Ausprägungen, die für alle wichtig, interessant und bereichernd sind.

Das LBE hat es sich zur Aufgabe gemacht, diese Aktivitäten zusammen und für Interessierte und Engagierte zur Verfügung zu stellen. Die Initiierung des Austausches zwischen den unterschiedlichsten Partnern stellt dabei ein zentrales Ziel dar: Auf diese Art können alle Beteiligten von der Netzwerkarbeit profitieren.

So auch in Zeiten, in denen der fachliche Austausch nicht mittels physischer Begegnung möglich oder sinnvoll ist. Der Einladung zum erstmals in Form einer Videokonferenz stattfindenden Netzwerktreffen für Bürgermeister folgten so viele Teilnehmer, dass die Online-Version des Austausch-Formats zur erfolgreichsten Variante aller Zeiten wurde. In der interaktiven Videokonferenz wurden Themen präsentiert, Inhalte diskutiert, Lösungen erarbeitet, Meinungen ausgetauscht und die nächsten Schritte vereinbart.

Im Juli 2020, mitten in der Zeit der massiven Auswirkungen der Corona-Pandemie, lud das Landesnetzwerk Bürgerschaftliches Engagement Bayern e. V. rund 120 bayerische Bürgermeister zu einer Online-Konferenz rund um das Thema „Nachhaltigkeit auf kommunaler Ebene – Explizit nach der Pandemie" ein. In 180 min diskutierten die Bürgermeister, welche Schlüsse sie aus der Pandemie ziehen und wie sie diese umsetzen können.

Eine voraufgezeichnete Begrüßungsrede des Bayerischen Umweltministers, Thorsten Glauber, dokumentierte die Bedeutung dieser Runde und des Themas. Explizit honorierte der Beitrag die Initiative des LBE, die Konferenz auch unter veränderten Bedingungen stattfinden zu lassen.

Dem digitalen Format angepasst startete die Videokonferenz mit zwei Live-Impulsvorträgen. In jeweils 15 min zeigten die Referenten Chancen und Risiken auf. Der moderierten Diskussion, unter direkter (Zuschaltung über Webcam) und indirekter (Fragen und Beiträge über die Kommentarfunktion im Stream) Beteiligung und Aktivierung der Teilnehmer, folgten Arbeitsgruppen auf Basis der digitalen Konferenzplattform. Kleines, aber (sinnvolles und) feines Highlight war das Live-Protokoll der Konferenz in Form eines Graphic Recordings.

In der Folge der erfolgreichen Videokonferenz formten sich einzelne Arbeitsgruppen, die sich nach der Veranstaltung online oder onsite treffen, um die Themen, Herausforderungen und Lösungen in den Kommunen weiter voranzutreiben.

Abb. 4.2 Videokonferenzen können ansprechend gestaltet sein. (Quelle: Agentur what when why)◄

Eventkategorie 3: Online-Event

Beschreibung
Online-Events sind Live-Events im digitalen Raum. Mit ihnen besteht die Möglichkeit, Zielgruppen nahezu unbegrenzt und ortsunabhängig, national und international zu erweitern sowie zeitgleich und gleichwertig zu erreichen. Online-Events bieten vielfältige, skalierbare Möglichkeiten, die Teilnehmer aktiv in das Geschehen einzubinden – sie zu beteiligen. Online-Events haben einen sehr geringen CO_2-Fußabdruck und sind deswegen Events mit einer ökologischen Ausrichtung. Durch eine professionelle Dramaturgie, wechselnde und kurzweilige Präsentationsformate, gezielten Medieneinsatz sowie die Möglichkeit, definierte inhaltliche Parts vorzuproduzieren, können die Wirksamkeit der zu vermittelnden Inhalte, die Effektivität in der Vorbereitung sowie die Durchführungssicherheit gesteigert werden.

Die Wirksamkeit von Online-Events kann darüber hinaus leicht durch systematische Evaluierung, z. B. Pre- und Postmessung sowie etwa die Messung von Aktivierungsraten während des Events exakt belegt werden. Online-Events sind zumeist auch ökonomische Events. Einem Mehr an Investition in die Aufbereitung der Inhalte, die mediale Inszenierung und die Vorbereitung steht ein Weniger an Reisekosten, Catering und Übernachtungskosten gegenüber. Online-Events haben aber auch einen großen Nachteil: Es fehlt die Möglichkeit zur so wichtigen physischen Begegnung, dem unmittelbaren Austausch, Networking und Socializing. Das Spektrum von Online-Events ist groß: von Managementtagungen über Produkteinführungen, Verbands-Meetings, Kongressen bis zu Sales-Konferenzen mit Kunden aus der ganzen Welt.

Beispiel Online-Event mit Digital-Event Raute: Kick-off-Event des Dezernats D2 der LBBW

Shortfacts:

- Kunde: Landesbank Baden-Württemberg (LBBW)
- Anlass: Startveranstaltung 2021
- Zielgruppe: Alle Mitarbeiter aus dem Dezernat 2
- Anzahl der Teilnehmer: 2.800
- Termin: Februar 2021
- Dauer: 3,5 h
- Agentur: what when why, Ludwigsburg

Online-Events bieten eine große Vielfalt an Möglichkeiten, komplexe Themen und Inhalte emotional, faktisch und effizient zu kommunizieren. Bei Events besteht häufig die Aufgabe, einerseits zentrale und allgemeingültige Themen an alle Teilnehmer zu kommunizieren und andererseits spezifische Themen, die nur für bestimmte Zielgruppen aus der Teilnehmerschaft von Interesse sind, zielgenau und vertiefend zu vermitteln. Und das alles so, dass bei den Beteiligten das Gefühl von Einheit, Größe, Bedeutung und konzertierter Vorgehensweise entsteht bzw. fortgeschrieben wird. Online-Events bieten dafür innovative Lösungen.

Um Strategien, Inhalte, Neuerungen, Informationen und Ausblicke unter einem kommunikativen Dach, sowohl für alle Mitarbeiter als auch in zuvor zugeteilten Zielgruppen, Regionen, Geschäftsbereichen zu kommunizieren, entwickelte die Live-Kommunikationsagentur what when why die „Digital Event Raute". Sie wurde beim digitalen Jahres-Kick-off des Dezernats 2 der Landesbank Baden-Württemberg (LBBW) eingesetzt. Geschickt gelöst: Die Teilnehmer müssen sich nur einmal anmelden und einloggen. Sie werden anschließend automatisch in den zentralen Teil des Online-Events geleitet und – zu gegebener Zeit – in ihre spezifischen, parallel stattfindenden Sessions sowie auch wieder zurück. So konnten 2.800 geladene Teilnehmer sowohl die generelle strategische Neuausrichtung erfahren als auch die wichtigen Updates in ihren Bereichen. Und das alles: innovativ, live, interaktiv, motivierend und kurzweilig.

Das wichtige Kick-off-Event war durchgängig so konzipiert, dass keine Ermüdungserscheinungen bei den Online-Teilnehmern aufkommen konnten. Kurze prägnante Vorträge, die passende mediale Unterstützung von Inhalten und Botschaften sowie Format- und Szenenwechsel sorgten für eine hohe Aufmerksamkeit bei den Teilnehmern. Im Fokus standen der neue Bereichsvorstand Andreas Götz und seine Kollegen, die Leiter seiner wichtigen Geschäftsbereiche. So wurden die zentrale Eröffnung sowie die zukunftsweisende Strategie für alle Mitarbeiter des Dezernats von der zentralen Bühne bzw. der dazugehörigen „Forums-Tribüne" in den Stream übertragen. Die einzelnen Geschäftsbereiche bekamen anschließend ihre eigenen Online-Event-Bühnen in separaten, technisch und gestalterisch passend ausgerüsteten Event-Studios. Alle Streams aus den einzelnen Event-Studios waren mit durchgängigen Interaktionsmöglichkeiten für die Teilnehmer ausgestattet. Diese wurden auch intensiv und zielgerichtet genutzt, denn die Verantwortlichen hatten ihre Parts inhaltlich und dramaturgisch genau geplant, durchgetaktet und geprobt. Letzteres war besonders wichtig, da die dezentralen Teile eine einheitliche Zeitvorgabe hatten, die ohne Wenn und Aber eingehalten werden musste. Schließlich gab es nach den parallel stattfindenden Online-Events einen gemeinsamen Abschlussteil, in dem sowohl der Bereichsvorstand als auch dessen Bereichsleiter wichtige Rollen innehatten und bei dem wieder alle Teilnehmer automatisch zusammen geschaltet waren. Und das alles bei einer Gesamtveranstaltungsdauer von lediglich 3,5 h.

Wichtige Inhalte, nachvollziehbar und merkfähig vorgetragen, die Teilnehmer aktiv einbezogen und mit auf den Weg in die Zukunft genommen: Die digitale Welt macht´s möglich!

Abb. 4.3 Eine abwechslungsreiche Inszenierung erhöht die Aufmerksamkeit. (Quelle: Agentur what when why)

Abb. 4.4 Szenenwechsel – Eine Sitztribüne für die Diskussionen. (Quelle: Agentur what when why)

Abb. 4.5 Im Austausch mit der Welt – Über Screens werden lebensgroß die Protagonisten aus den Regionen zugeschaltet. (Quelle: Agentur what when why)◄

Beispiel Online-Event mit Pre-, On- und Post-Communication: VPV Versicherung geht neue Wege: Digitales Vertriebs-Kick-off

Shortfacts:

- Kunde: VPV Versicherungen
- Anlass: Sales Jahrestagung
- Zielgruppe: Vertrieb/Vertriebsagenturen VPV Versicherung
- Anzahl der Teilnehmer: 800
- Termin: Februar 2021 (2 Tage)
- Dauer: 5 h
- Agentur: what when why, Ludwigsburg

Der Versicherer VPV startete erfolgreich in das Jahr 2021.

Mit dem ersten Online-Event in der Geschichte des innovativen und gleichzeitig bodenständigen Versicherers, dem wichtigen Vertriebs-Kick-off, wurden die Zeichen klar in Richtung Zukunft gestellt. Sowohl die Top-Führungskräfte der VPV als auch die Vertriebsmitarbeiter der verschiedenen Regional-Direktionen sollten mit auf die Reise genommen werden.

Die wichtigsten Ziele: informieren, aktivieren, involvieren und motivieren!

Die besondere Herausforderung: Die Kommunikationskaskade des digitalen Eventkonzepts sollte – von den Führungskräften zum Vertrieb – aufeinander aufbauend erfolgen. Die Regional-Direktoren sollten für ihren jeweiligen regionalen Gesamtvertrieb an Tag 2 – individuell zugeschnitten, aber zeitgleich – „auf Sendung gehen".

Die digitale Welt macht´s möglich: in nur fünf Wochen ein wirkungsvolles, informatives und emotionalisierendes Format im digitalen Raum! Durch die Interaktionsmöglichkeiten für die Teilnehmer, eine fachkundige und sehr unterhaltsame Moderation, passgenaue Vorträge, unterstützt durch aufmerksamkeitsfördernde Medien entstand ein zweitägiges Streaming-Event – mit überwältigendem Erfolg.

In der konsequenten und engagierten Vorbereitung nutzte die VPV weitere wichtige Erfolgsbausteine der Agentur für erfolgreiche Online-Events. Dazu gehörten das professionelle Rednercoaching, das durchgängige Event-Design,

emotional aufladende, strukturierende und informative Medien, eine professionelle Dramaturgie sowie ein ausgeklügeltes Streaming-Konzept, gesendet aus
dem Live-Event-Studio.

Für die Teilnehmer gab es bereits im Vorfeld des Online-Events ein erstes Highlight: Die Einladung erfolgte im Filmformat. Der Einladungsfilm
setzte den richtigen emotionalen Ton für das Vertriebs-Event und gab den
Teilnehmern bereits ein erstes inhaltliches Briefing.

Überraschend und spannend zugleich: Das Opener-Video der Veranstaltung
erzählte den insgesamt rund 700 Teilnehmenden die Story des Einladungsfilms
weiter.

So wirkungsvoll wie die Vorkommunikation wurde auch das gesamte
Online-Vertriebs-Kick-off-Event konzipiert. Sämtliche Inhalte wurden konsequent und präzise auf die Wirkungsmechanismen von Digital-Events abgestimmt. Im Einklang mit der stimmigen Gesamtinszenierung, unter Leitung
eines erfahrenen Regisseurs konnte so im gesetzten Rahmen ein maximaler
Mehrwert für den Kunden und seine Zielgruppen erreicht werden.

Abb. 4.6 Blick hinter die Kulissen – Teleprompter im Einsatz.
(Quelle: Agentur what when why)

Abb. 4.7 Nachfolgende Online-Events wurden aus dem Green-Screen-Studio gesendet. (Quelle: Agentur what when why)◄

Eventkategorie 4: Hybrid Event

Beschreibung

Eingangs hatten wir bereits erläutert, dass ein Hybrid Event eine Veranstaltung ist (beispielsweise ein Marketing-Event), bei dem ein persönliches Live-Erlebnis in Präsenz mit einer Online-Komponente kombiniert wird. In diesem Sinne ist das Hybrid Event, wie es oft landläufig bezeichnet wird, das Beste aus zwei Welten – besser beschrieben: die perfekte Kombination! In einem neuen Verständnis geht es hier nicht um den einzelnen Teilnehmer oder Gast, sondern um das Konzept der Veranstaltung – mit zwei Komponenten, die unter Umständen zeitgleich stattfinden und damit Menschen im realen wie auch im virtuellen Raum fokussieren. Professionell gemachte Hybrid Events ermöglichen es, die wesentlichen Vorteile von Onsite- und Online-Events zu verbinden. Das heißt, dass die problemlose Erhöhung der Reichweite und die Interaktion bei Online-Events mit der wichtigen Möglichkeit zum direkten, unmittelbaren Networking und Socializing, also zur realen Interaktion, verbunden werden. Weiterhin ergibt sich hieraus eine hervorragende Skalierbarkeit in Bezug auf selektierte Teilnehmerkreise und die korrespondierenden Inhalte. So können z. B. ausgewählte Stakeholder, Expertenkreise, Hierarchielevel und Funktionen nur zu bestimmten Themen – online – hinzugenommen werden. Aus Eventmarketing-Perspektive steht das Hybrid Event als bestes Beispiel für ein smartes Event, im Sinne der Autoren.

> **Beispiel Hybrid Event mit 360-Grad-Kommunikation: Kick-off der LBBW Asset Wealth Management (AWM)**
>
> **Shortfacts:**
>
> - Kunde: Landesbank Baden-Württemberg (LBBW)
> - Anlass: Kick-off; Merger AWM
> - Zielgruppe: Führungskräfte (Event 1)/Mitarbeiter (Event 2)
> - Anzahl der Teilnehmer: 100 Führungskräfte/1.000 Gesamtbelegschaft
> - Termin: September 2020 (2 Tage)
> - Dauer: 4 bzw. 2 h
> - Agentur: what when why, Ludwigsburg
>
> *Die Fusion von Unternehmen und/oder Geschäftsfeldern sowie jede andere Form von zielgerichteten Veränderungsprozessen bringt vielfältige Chancen, aber auch Risiken für die Kommunikation mit sich. Letztendlich entscheidet die professionelle kommunikative Begleitung darüber, ob Hürden angemessen abgebaut und die notwendigen Schritte gemeinsam gegangen werden können. Dementsprechend kann das übergeordnete Kommunikationsziel für derartige Maßnahmen wie folgt formuliert werden: Die Belegschaft informieren und motivieren; sie befähigen, den neuen Weg individuell zu verstehen und gemeinsam zu gehen; Vorurteile und Hemmschwellen abbauen; alle Mitarbeiter aktivieren und motivieren; sie zu Botschaftern für die neuen Ideen und zu Multiplikatoren der notwendigen Schritte machen.*
>
> *Um diese Kommunikationsziele zu erreichen, entschied sich die LBBW für ein smartes Konzept mit Hybrid Event, Online-Event und begleitender 360-Grad-Kommunikation. Mit einer starken Story, vielen überraschenden Momenten, einem hohen Grad an direkter Partizipation und intensivem Involvement wurden die Führungskräfte zu Botschaftern und die Kolleginnen und Kollegen von Teilnehmern zu Teilgebern eines neuen Geschäftsfeldes mit viel Potenzial. Aber*

bis zum eigentlichen Kick-off-Event blieb das Vorhaben geheim – eine besondere Herausforderung für alle Beteiligten.

Die Landesbank Baden-Württemberg (LBBW) vereinte im Jahre 2020 die beiden überaus erfolgreichen Geschäftsbereiche Asset Management und Wealth Management zum neuen Geschäftsbereich AWM. Die Fusion wurde von langer Hand in vertraulichen Arbeitsgruppen mit Vertretern beider Bereiche vorbereitet.

Ziel dieser Vorgehensweise war es, nach dem überraschenden Kick-off sofort handlungsfähig zu sein, um die Erfolgsgeschichten unter einem neuen, einheitlichen Dach fortschreiben zu können. Der Kick-off bestand aus zwei aufeinander aufbauenden Teilen, die zeitversetzt, mit zwei Tagen Abstand stattfinden sollten. Teil 1: das Hybrid Event für ca. 100 Führungskräfte, bei denen die eine Hälfte vor Ort, die andere online teilnahm. Teil 2: das Online-Event für die ca. 1.000 Mitarbeiter aus beiden Bereichen, bei dem die Führungskräfte bereits als Botschafter fungierten.

Bereits der kommunikative Start in die Zukunft erfolgte äußerst innovativ und im Sinne eines 360-Grad-Kommunikationskonzeptes. Denn die gesamte Kommunikationsstrecke war bereits auf ein Jahr vorgeplant. Getrennt nach den beiden Zielgruppen sowie den noch eigenständigen Bereichen wurde die eigene „Event- und Community-App" lanciert. Direkt nach dem Kick-off-Event wurde die Community-App dann unter das neue AWM-Dach gestellt. Die App beinhaltete auch die individualisierten Einladungsvideos zum großen Big Bang. Ohne zu viel zu verraten, wurde bereits hier auf das Thema Veränderung eingestimmt. Ein ausgeklügeltes Redaktionskonzept weckte die Neugierde bei den Teilnehmern und brachte sie sukzessive näher an das kommende Thema.

Als Story für das Event wurden die positiven Attribute des Formel-1-Motorsports verwendet. Insbesondere standen die strategischen und operativen Aspekte im Fokus, die ein Rennstall konsequent verfolgen muss, wenn mit zwei Teams die Markenweltmeisterschaft gewonnen werden soll – die perfekte Analogie für die bevorstehende Fusion war geschaffen.

Vom Setting über das authentische Rennfahrer-Outfit der beiden (internen) Moderatoren bis hin zu den Medien wurden die Inhalte auf das Thema adaptiert. Die Community-App fungierte gleichzeitig auch als Zugang für den Event-Stream.

Dann war es so weit und unter strengen Hygieneauflagen fand das erste Hybrid Event für die Führungskräfte im Hybrid-Event-Studio statt. In etwas über vier Stunden wurden nun die Zielsetzungen, Strategien und operativen Maßnahmen sowie Prozesse und Strukturen vorgestellt, diskutiert und in ebenso hybriden Workshops vertiefend bearbeitet. Die Online-Teilnehmer wurden direkt in die zuvor ausgewählten Workshops geschaltet und konnten so bequem und effizient an diesen teilnehmen.

Der Übergang vom hybriden Führungskräfte-Event zu dem zwei Tage später stattfindenden Online-Event für die Gesamtbelegschaft war ebenso systematisch wie wirkungsvoll geplant. Denn die Führungskräfte sollten bereits beim folgenden Event als Botschafter für die Belegschaft fungieren. Mithilfe von Videos, Insight-Statements etc. aus dem Hybrid Event übernahmen die Führungskräfte aktive Teile im Mitarbeiter-Event und sorgten so für die authentische Vermittlung der Inhalte. Abwechslungsreich und knackig inszeniert, vermittelte das ca. zweistündige Online-Event die wichtigen Botschaften hervorragend. Nahezu selbstverständlich, dass auch dieses Event für die ca. 1.000 Teilnehmer vollständig interaktiv gestaltet war. Durch Pollings, Votings, Q&As etc. wurde eine durchschnittliche Interaktionsrate von über 80 % erreicht. Die Teilnahmequote lag bei sehr guten 97 %.

Ob im Publikum vor Ort oder via Stream im Office: Die gesamte Kommunikation sowie die Interaktionen wurden über die App gesteuert und gemessen. Dadurch hatte jeder Teilnehmer zu jeder Zeit dieselben Möglichkeiten, sich in die Veranstaltung einzubringen.

Eine intensive Change-Kommunikation begleitet den neuen Geschäftsbereich seitdem kontinuierlich.

Abb. 4.8 Wenn schon, denn schon – Authentische Inszenierung bis ins Detail. (Quelle: Agentur what when why)

Abb. 4.9 Hybrid Event: Onsite und Online in einem schlüssigen Gesamtkonzept.
(Quelle: Agentur what when why)◄

Eventkategorie 5: Multi-Hub-Streaming

Beschreibung

Das Multi-Hub-Streaming beschreibt eine Art invertiertes Hybrid Event. Die Idee
dabei ist, die Inhalte entweder von einem zentralen Event-Studio aus in mehrere
Locations zu „senden" oder verschiedene Event-Locations (Hubs) als gleichbe-
rechtigte Event-Studios agieren zu lassen. In jeder Location versammeln sich
Teilnehmergruppen. Sie empfangen den Live-Stream. Gleichzeitig können sie
sowohl von Location zu Location interagieren als auch in ihrem jeweiligen Hub
in physische Interaktion mit den Anwesenden treten. Multi-Hub-Streamings bieten
sich insbesondere an, wenn es beispielsweise darum geht, verschiedene Regionen oder Niederlassungen in ein Event einzubinden und dabei gleichzeitig in den
Regionen/Funktionen an bestimmten Themen in physischer Präsenz zu arbeiten.
Sie sind auch erste Wahl, wenn Limitierungen in Bezug auf Gruppengrößen für
das physische Zusammentreffen oder Reisebeschränkungen bestehen. Multi-Hub-
Streamings erfordern deutlich größeren technischen sowie organisatorischen und
damit finanziellen Aufwand, da jeder Hub als eigene Event-Location zu betrachten
ist.

Beispiel Multi-Hub-Streaming: Armacell Strategic Alignment Day

Shortfacts:

- Kunde: Armacell, Weltmarktführer technische Isolierung
- Anlass: Startveranstaltung 2021, Preisverleihung
- Zielgruppe: Führungskräfte aus EMEA, Asien und Amerika
- Termin: Januar 2021
- Dauer: 4 h
- Agentur: what when why, Ludwigsburg

Das zentrale Event-Studio: RTL-Studios in Luxemburg
    Die internationalen Hubs: 3 × Europa, 2 × Südamerika, 2 × Asien, 2 ×
Nordamerika

Das Ziel: Das strategische Alignment in einer sich schnell wandelnden Welt

Die Aufgabe war komplex. Der Anspruch hoch. Weltweit sollten alle Führungskräfte – vom Top-Manager über Plant-Manager bis hin zum Bereichsleiter – erreicht, informiert, emotionalisiert und auf die angepasste Strategie vorbereitet werden.

Um in Pandemie-Zeiten weite Flugreisen zu vermeiden, wurde ein digitales Multi-Hub-Eventkonzept entwickelt. Und als in Singapur der Abend anbrach, in Europa der Nachmittag begann und in den USA der Morgen dämmerte, hieß es in Luxemburg „On Air".

Über eine in Deutschland gehostete Streaming-Plattform wurde nun ein digitales Kommunikationsnetz um die Welt gelegt. Für eine noch größere Reichweite hätten die Inhalte parallel leicht in bis zu zehn Sprachen übersetzt und parallel gesendet werden können. Die digitale Welt macht es möglich.

Auch wurde im Vorfeld überlegt, ob bestimmte Inhalte voraufgezeichnet werden, um eventuellen technischen Störungen vorzubeugen. Für Dialoge schaltete man direkt in die Hubs und an die Arbeitsplätze in den einzelnen Regionen. Podiumsdiskussionen und Gesprächsrundenteilnehmer wurden vollständig digital in das zentrale Studio übertragen und von dort aus in die Welt gesendet. Bei den medial emotional und kurzweilig aufbereiteten Award-Verleihungen gingen virtuelle La-Ola-Wellen rund um die Welt.

Die Basis für die gesamte Pre-, On- und Post-Communikation bildete die Armacell Leaders-App, die bereits seit mehreren Jahren im Einsatz ist. Sie ermöglicht 24/7-Zugriff auf alle Eventinhalte, Medien und News rund um die internationalen Onsite- und Online-Events.

Nach vier Stunden war die Online-Veranstaltung vorbei, es war geschafft: Mission completed!

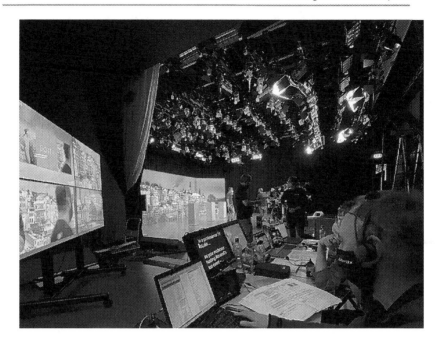

Abb. 4.10 Multi-Hub-Streaming: Live aus dem RTL-Studio, Luxemburg, in die ganze Welt und zurück.
(Quelle: Agentur what when why)

Abb. 4.11 Viel Arbeit für den Regisseur – Verschiedene Kameraperspektiven zur Auswahl. (Quelle: Agentur what when why)

Abb. 4.12 Der Ü-Wagen: Komplexe Online- und Hybrid Events benötigen komplexe Technik im Hintergrund.
(Quelle: Agentur what when why)

Abb. 4.13 Digitale Award-Ceremony als Element der Gesamt-Inszenierung.
(Quelle: Agentur what when why)

Abb. 4.14 Zuschaltungs-Zentrale: Hubs und externe Speaker bedürfen einer eigenen Regie.
(Quelle: Agentur what when why)◄

Eventkategorie 6: Virtuelle Expo/Eventplattform

Eine virtuelle Messe oder auch Web- bzw. Online-Messe ist eine Messe, die im digitalen Raum stattfindet und daher nicht ortsgebunden ist. Der Begriff „virtuell" findet bei Online-Messen zu Recht Verwendung. Virtuelle Messen basieren auf einem digitalen, am Computer geschaffenen Abbild der Realität (Virtuelle Realität = VR) konventioneller Messen vor Ort. Der 3-D-Datenraum ersetzt also den realen, physischen Raum bis hin zur Einbindung von 3-D-Avataren. Aussteller und Besucher haben dabei grundsätzlich die gleichen Interessen wie bei einer konventionellen Messe: einen vergleichenden Marktüberblick zu erhalten, das eigene Unternehmen bekannter zu machen sowie Waren und/oder Dienstleistungen zu kaufen bzw. verkaufen. Die Interaktion im Messezeitraum wird dabei online ermöglicht. Das geht von Vorträgen und Seminaren bis hin zu One-to-One-Videokonferenzen.

Beispiel virtuelle Expo – Fortbildung im großen Stil

Shortfacts:

- Kunde: Pharma
- Anlass: Schulung und Weiterbildung
- Zielgruppe: Ärzte und Pflegepersonal
- Termin: Januar 2021
- Dauer: 5 Tage
- Agentur: xibitrs – the virtual experience

Nicht nur in Pandemie-Zeiten nimmt die Fortbildung und Schulung von Ärzten und Pflegepersonal einen besonderen Stellenwert ein. Schließlich sind vor allem Ärzte gesetzlich zur Fortbildung verpflichtet. Pharmaunternehmen übernehmen dabei eine wichtige Rolle – nicht nur, um über die eigenen Produkte aufzuklären.

Bis zu 8.000 Teilnehmer konnten im Rahmen der fünftägigen virtuellen Expo an den Schulungs- und Weiterbildungsmaßnahmen für Ärzte und Pflegepersonal teilnehmen. Die fachbezogene Weiterbildung mit der besonderen Herausforderung unterschiedlicher Zutrittsberechtigung war dabei eine von vielen Herausforderungen. Durch die Mischung von allgemeinen und spezifischen Teilen, wie z. B. die verschiedenen Messestände der Sponsoren aus dem Gesundheits- und Sozialwesen, wurde die fotorealistisch animierte 3-D-Welt zu einem interessanten Ort mit viel Mehrwert: individuell von jedem Online-Besucher zusammenstellbar. Mit einer Dauer von fünf Tagen und mit bis zu zwölf gleichzeitigen Vorträgen lag der Fokus bei der Gesamtkonzeption auf dem einfachen Aufbau der Plattform. Die Teilnehmer sollten schnell und unkompliziert zu ihrem jeweiligen Vortrag kommen und die anschließenden Gruppendiskussionen oder Gespräche im Format eins zu eins einfach besuchen können.

Ein besonders attraktives Feature neben Fachinformation und Austausch: die anschließende Zertifizierung für die erfolgreiche Teilnahme an der fachlichen Fortbildung durch die entsprechende Ärztekammer. Weitere Highlights waren das aufwendige Abstract-Handling sowie Preisverleihungen unter der Schirmherrschaft verschiedener Stiftungen. Eine außergewöhnliche virtuelle Expo, deren Erfolg sicherlich auch daran lag, dass die Live-Streams parallel in verschiedenen Sprachen zu empfangen waren.

Abb. 4.15 Die fotorealistische Eingangshalle ist leicht zu adaptieren, zeigt Größe und lädt zur Entdeckungstour ein
(Quelle: xibitrs – the virtual experience)

Abb. 4.16 Authentisches 3-D-Szenario in der virtuellen Expo – Information attraktiv aufbereitet.
(Quelle: Agentur xibitrs – the virtual experience)

Abb. 4.17 Kernkompetenz in eigener Sache – Die Erstellung virtueller Messeräume mit integrierten Showrooms.
(Quelle: xibitrs – the virtual experience)◄

Leitfaden für die Konzeption und Umsetzung smarter Events

5

Smarte Events: Sie entstehen aus schlauen, strategisch und inszenatorisch passgenauen sowie zeitgemäßen Live-Kommunikationskonzepten, die die Möglichkeiten von Onsite und Online im Sinne einer besseren Zielerreichung kombinieren. Das Mischungsverhältnis aus analog und digital ergibt sich dabei aus der Zielsetzung, den Kommunikationszielen, der Erreichbarkeit der Stakeholder und Zielgruppen sowie der erwarteten Dauer bis zur Erreichung der Kommunikationsziele. In diesem Sinne konsequent zu Ende gedacht, führt der Einsatz smarter Eventkonzepte nahezu zwangsläufig zu einer großen Chance, einen 360-Grad-Marketing-Ansatz erfolgreich zu beleben. In einem solchen Ansatz nehmen smarte Events einen besonderen Stellenwert ein. Sie werden zu genau dosierbaren Kristallisationspunkten eines umfassenden Marketingansatzes: Erlebbarkeit, Orientierung, Information, Aktivierung, Involvierung, Emotionalisierung. Von der kleinen, feinen Zielgruppe bis hin zu vielen Tausend Teilnehmern. Smarte Events sind schneller, effektiver, genauer, messbarer und in ihrer Wirkung besser zu skalieren.

Mit diesem praxistauglichen Leitfaden möchten wir konkrete Hilfestellung geben, wie smarte Events entwickelt und umgesetzt werden können. In Anbetracht dessen, dass es bereits vielfältige und sehr gute Leitfäden für die Konzeption und Umsetzung von klassischen Onsite-Events gibt, fokussieren wir uns hier auf einen Leitfaden für die Konzeption und Umsetzung hybrider bzw. Online-Events.

C. Knieriem und S. Luppold, *Smarte Events,* essentials, https://doi.org/10.1007/978-3-658-35217-2_5

How to Online-Event – Die Konzeption: 9 Faktoren für die Konzeption erfolgreicher Online-Events

1. Set-up für Online-Events
Erfolgreiche Online-Events beginnen **vor** dem Event. Wer die Teilnehmer vor dem Online-Event aktiviert und involviert, legt den Grundstein für den Erfolg. Unterstützend wirken der Einsatz von Event-Apps, Chat-Funktionen, Meinungs- und Interessenabfragen, Video/-Statements u. a., mit dem Ziel der Involvierung der Teilnehmer bereits im Vorfeld.

2. Klare User-Journey
Eine zentrale Rolle nimmt die klare User-Journey ein. Sie zu definieren führt zu einer ganzheitlichen Betrachtung der Veranstaltung, ihrer Zielgruppen/Stakeholder sowie der allgemeinen und speziellen Anforderungen. Der Zugang zum Event (Authentifizierungsprozess) sowie alle Tools des Events (vom Stream mit Interaktionsmöglichkeiten bis hin zu virtuellen Breakouts und der Event-App) müssen für die Benutzer einfach zu verstehen und zu bedienen sein.

3. Fokus auf Interaktion, Informationsaustausch und Gemeinschaftserlebnis
Online-Events dürfen keine Einwegkommunikation sein. Sie gleichen auf den ersten Blick einem TV-Format – sind es aber nicht. Die zielgerichtete Aktivierung und Involvierung der Teilnehmer, die Interaktion, der Informationsaustausch und das Gemeinschaftserlebnis (auch am Bildschirm) bilden die Erfolgsfaktoren der onlinebasierten Kommunikation.

4. Content ist und bleibt KING – aber auf den Punkt
Hochwertige Inhalte fesseln die Teilnehmer, begeistern und motivieren sie zu Handlungen. Wer prägnante und abwechslungsreich aufbereitete Inhalte liefert, erhöht die Aufmerksamkeit bei seinen Teilnehmern. Merkfähige Botschaften sind gute Botschaften. Sie können verstanden und gelebt werden. So bleibt das Online-Event spannend und in den Köpfen der Menschen.

5. Die Dramaturgie
Grundsätzlich gilt: Erst das „Was", dann das „Wie"! Zunächst müssen also die Kommunikationsziele, die Kernbotschaften (maximal drei bis fünf), die Inhalte und die Akteure definiert werden. Erst dann folgt die kreative Umsetzung. Die richtige Mischung aus Reden, Panels, Videos, Interaktion, Gamification und emotionalisierenden Momenten ist maßgeblich für den Erfolg des Events. Die Entwicklung der

Dramaturgie eines Online-Events folgt dabei eher der eines Drehbuchs. Der wesentliche Unterschied zu Onsite-Events ist das Denken in Szenen, Kameraeinstellungen und Teilnehmer-Interaktionen. Auch der Regisseur muss rechtzeitig mit eingebunden werden. Mehr dazu in dem Buch „Event-Regie" (Graf und Luppold 2018). Für weitere Grundlagen zum Thema Inszenierung und Dramaturgie empfehlen wir das Buch von Detlef Altenbeck und Stefan Luppold (2021).

> Wichtiger Leitsatz für jedes Live-Event: „Was nicht geprobt wird, findet nicht statt."

6. Andere Zeiten – andere Sitten

Merke: Die Dauer eines Online-Events sollte 2,5 bis vier Stunden pro Tag nicht überschreiten. Nach jeweils 60 min ist eine Pause einzuplanen (kann auch interaktiv sein, z. B. Random Video Chat). Bereits nach 20 min sinkt die Aufmerksamkeit der Teilnehmer rapide. Spätestens dann sollte ein Formatwechsel erfolgen. Ein Vortrag sollte zwischen sieben und maximal 15 min dauern (siehe auch Pecha Kucha-Regeln oder die 10 TED-Talk-Gebote). Ca. alle fünf bis zehn Minuten bietet sich ein Medienwechsel (Filmeinspieler, Interaktion etc.) an.

7. Professionelle Technik als Basis

Alles muss stimmig sein und technisch wirklich einwandfrei funktionieren. Der Satz „Häufig sitzt das Problem vor dem Bildschirm" hat sich bei der Durchführung von Online-Events als wahr herausgestellt. Dennoch gilt das besondere Augenmerk der gesamten technischen Architektur inklusive der Streamingtechnologie des Online-Events. Teilnehmer, die sich nicht einloggen können, sind wie Teilnehmer, die bei einem Onsite-Event vor verschlossener Tür stehen, während drinnen die Veranstaltung läuft: Nicht gut. Deswegen verdient auch der Empfänger und dessen IT-Umgebung besondere Aufmerksamkeit.

8. Überraschende haptische Momente

Achten Sie auf Details und Überraschungsmomente. Wie im Real Life nimmt der WOW-Effekt auch bei Online-Events eine wichtige Rolle ein. Wenn Sie Teilnehmer während des Online-Events auch offline begeistern, schaffen Sie Momente der emotionalen Bindung – zum Beispiel mittels Give-aways (z. B. Lunchpaket), die per Post zugestellt werden.

9. Follow-up-Möglichkeiten nutzen

Online-Events ermöglichen es, von Informationen und Gedankenanstößen der Teilnehmer zu profitieren. Auch die Nutzung der Interaktionsmöglichkeiten und die

Messbarkeit der Aktivierungsrate geben Auskunft. Nutzen Sie die Ergebnisse und gestalten Sie einen Dialog mit den Teilnehmern (z. B. über die Event-/Community-App). So lernt die Organisation und die Teilnehmer bleiben in den Prozess eingebunden.

How to Online-Event – Die Umsetzung: Erfolgsfaktoren für die Umsetzung erfolgreicher Online-Events

1. Organisiere Dich und Dein Team
Die richtige Zusammensetzung des Projektteams ist essenziell für den Erfolg des Projektes. Das Team sollte für die gesamte Dauer des Projektes zur Verfügung stehen.

Aus Sicht des Projektverantwortlichen sind folgende Fragen zu stellen und zu beantworten:

1. Was ist meine genaue Aufgabe im Projekt? (operativ vs. strategisch).
2. Was sind meine Kapazitäten? (wie viel Zeit steht mir realistisch für das Projekt zur Verfügung).
3. Was ist zwingend von mir zu übernehmen? (interne Aspekte, spezifisches Wissen zu Unternehmen, Strukturen, Prozessen etc.)
4. Welche Ressourcen brauche ich intern, welche extern? (z. B. IT-Kompetenz).
5. Wie organisiere ich das Team? (Fachkompetenzen und Organigramm).
6. Welches Budget steht mir zur Verfügung?

WICHTIG: Online-Events bedingen eine Vielzahl zusätzlicher Fachkompetenzen (können teilweise auch in einer Person gebündelt sein):
1. IT-Experte.
2. Online- und Streaming-Experte.
3. Web- und Mediendesigner.
4. Event-App- und Interaktions-Experte.
5. Technischer Planer mit Expertise in Online-Event.
6. (TV-)Regisseur.
7. Content-Manager.
8. Speaker-/Moderatoren-Coach.

2. Definiere den „Scope of work" des Projektes

Der Scope of work ist die Basis des gesamten Projekt-Managements. Im Kern definiert er den Arbeitsumfang und das erwartete Projektergebnis, beispielsweise zwischen Kunde und Agentur. Als Projektmanager verwendest Du ein Scope-of-work-Dokument, um sicherzustellen, dass die Erwartungen, die Art der Zusammenarbeit sowie Ziel und Ergebnis der Zusammenarbeit klar definiert sind. So weiß auch jeder, wofür er zuständig ist. Das ist nicht ganz unwichtig, insbesondere bei Event-Projekten, bei denen es grundsätzlich nur eine Chance gibt.

Der Scope of work umfasst:
Definiere Deine Deliverables: also das, was am Ende abgeliefert werden soll. Dazu sollten das verabschiedete Gesamtkonzept sowie die Detailkalkulation herangezogen und/oder ein Dokument erstellt werden, welches das Projekt und die Projektziele genau beschreibt. Der Leistungsumfang eines jeden Elements sollte dabei auch einzeln beschrieben sein.

> **WICHTIG:** Achte bei Online-Events darauf, dass klar ist, dass Du nur für das korrekte Ausgangssignal verantwortlich sein kannst, nicht dafür, dass die Teilnehmer es auch empfangen können. Wie vorher bereits genannt: Das Problem sitzt häufig vor dem Bildschirm. Hier hilft es allerdings sehr, den Kunden auf die technischen Notwendigkeiten und Fallstricke hinzuweisen. Siehe auch unsere nachfolgende kleine Checkliste für das technische Gelingen eines Online-Events.

Checkliste für das technische Gelingen eines Online-Events:
- Pre-Check mit der internen IT-Abteilung
- Überprüfung der internen Serverkapazitäten (wenn viele Teilnehmer über den selben Server/im gleichen Gebäude sitzen) und
- Download-Funktionen und -Kapazitäten prüfen (mindestens 50 MBit/s)
- International: Fokus auf die Chinese Firewall
- Auf Datenschutzkonformität achten
- Information und ausgiebige Tests mit allen Teilnehmern, Regionen und Referenten
- Kabelverbindung kommt vor Wifi-Verbindung
- PC-Standardeinstellung auf „Hochleistung"

• Weitere elektronische Geräte, die sich auf die Internetbandbreite auswir-
ken, abschalten

Entwickle einen „Milestoneplan"
Dein Milestoneplan ist eine Zeitleiste/Zeitachse, in der Du die Hauptphasen (inkl.
Anfangs- und Endpunkte) Deines Projektes definierst. Du kannst Dir diese Zeit-
leiste als eine Art Weg vorstellen, der Dich von Anfang bis Ende sicher ans Ziel
führt. (Tipp: Plane Deine Milestones rückwärts. Beginne am Tag der Veranstaltung
und arbeite Dich rückwärts bis zum Beginn der Projektplanung.) Deinen Milestoneplan kannst Du anschließend weiter in einzelne Teilaufgaben (Tasks) unterteilen.
Software-Tipp: todoist oder Asana sind starke und „easy to use" Planungstools

▶ **WICHTIG:** Online-Events sind häufig noch Neuland im Unternehmen.
   Und fast immer haben sie einen höheren Komplexitätsgrad als
   Onsite-Events. Dementsprechend bedürfen sie einer detaillierteren
   und präziseren Abstimmung aller Stakeholder.

Etabliere Reporting-Routinen
Online-Events benötigen viel Abstimmung. Neben den fortlaufenden Abstimmun-
gen z. B. zwischen Kunde (inkl. der Stakeholder im Unternehmen des Kunden) und
Agentur, gibt es viele weitere Gewerke (Lieferanten und Partner), die voneinander
abhängig sind und eine regelmäßige Abstimmung benötigen. Sinnvoll ist es, dafür
Standard-Dokumente anzulegen, die alle Beteiligten regelmäßig über den Stand der
Dinge informieren. Als **formale Aufzeichnung** des Projektfortschritts sichern sie
den Projektverlauf ab, dienen aber auch als Kommunikationsmittel, welches über
Zeitplan, Stand der einzelnen Gewerke etc. Auskunft gibt. Software-Tipp: Microsoft
Teams ist ein idealer Begleiter für die Umsetzung von Online-Events.

▶ **WICHTIG:** Lege im Vorfeld fest, was, wie, an wen und in welchem
   Rhythmus Du über das Projekt berichten wirst.

3. Plane Dein Budget
Ohne Budget kein Projekt! Ohne genaues Budget kein erfolgreiches Projekt! Ohne
Budgetkontrolle vielleicht Dein letztes Projekt!
    Ein abgesegnetes Planbudget im Einklang mit dem Scope of work ist unabding-
bar, um das Projekt inhaltlich und finanziell erfolgreich zu machen. Die Entwicklung

der Projektkosten ist permanent im Blick zu halten. Budgetabweichungen, die aufgrund von konzeptionellen und/oder organisatorischen Änderungen anfallen, müssen vor Beauftragung mit dem Budgetverantwortlichen besprochen werden. Denk immer daran: Du bist der Experte. Deine Kunden müssen sich auf Dich verlassen können.

Als Faustformel gilt, dass folgende Punkte budgetiert sein müssen:
- Landingpage, Einladungsprozess und Teilnehmermanagement
- Location bzw. Event-Studio
- Catering
- Veranstaltungs- und Studio-Technik (inkl. Kameratechnik)
- Streamingtechnologie
- Live-Schaltungen, Ü-Wagen
- Event-App, Gamification und Interaktionen
- Grafik
- Animationen und Medienproduktion
- Personal und Dienstleistungen vor Ort
- Referenten/Moderatoren
- Coachings
- Konzeptions- und Planungsleistungen, Services (z. B. Agentur)
- Produktionsnebenkosten, inklusive GEMA (Gesellschaft für musikalische Aufführungs- und mechanische Vervielfältigungsrechte) und KSK (Künstlersozialkasse)
- Übernachtungs- und Reisekosten, Transfers

▷ **WICHTIG:** Alle Budgetanpassungen, Mehrungen und Minderungen müssen fortlaufend kalkuliert, abgestimmt und festgehalten werden.

How to Online-Event – Umsetzung der Inhalte

Ablaufplanung
Professionelle Online-Events sind im Allgemeinen bislang abwechslungsreicher und kurzweiliger konzipiert als klassische Onsite-Events. Dies liegt vor allem daran,

dass häufige und gezielt eingesetzte Formatwechsel (Mischung aus Interaktion, Vorträgen, Talks, Medien, Live-Schaltungen etc.) die Voraussetzung dafür sind, die Aufmerksamkeit der Online-Teilnehmer aufrechtzuerhalten. Dies ist auch bei der Ablaufplanung zu berücksichtigen. In der Praxis hat sich die Gesamtdauer eines Online-Events von 2,5 bis vier Stunden/Tag herauskristallisiert – und bewährt.

▶ **WICHTIG:** Grundsätzlich ist die Aufmerksamkeitsspanne des Teilnehmers bei Online-Events deutlich kürzer und die Ablenkungsmöglichkeiten sind deutlich größer als bei physischen Events. Dies erfordert eine detailliertere Vorbereitung aller Beteiligten. Außerdem müssen die Inhalte besser – im Sinne von kürzer und prägnanter (Storytelling) – aufbereitet werden. Medien, als wirksamer Teil emotional gestützter Inhaltsübermittlung, sowie das professionelle Rednercoaching sind dringend zu empfehlen.

Die inhaltliche Komplexität von Online-Events ist im Allgemeinen also deutlich größer als die klassischer Onsite-Events. Die Hinzuziehung einer professionellen und spezialisierten Event-Agentur ist daher nahezu alternativlos.

Dementsprechend ist es wichtig, sehr früh in die detaillierte Ablaufplanung einzusteigen. Der Ablaufplan dient dazu, einen Überblick über die genaue zeitliche Reihenfolge, Szenenwechsel, Interaktionen, Medieneinspielungen etc. zu bekommen. Er ist die Grundlage für den Regieplan, in dem dann die sekundengenauen Abläufe vom Regisseur hinterlegt werden.

Event-Regie

Eine professionelle Event-Regie ist essenziell für den Erfolg der Veranstaltung. Daher nie daran sparen! Benötigt wird ein Event-Regisseur mit TV-Erfahrung oder umgekehrt. Wie schon zuvor beschrieben, sind Online- und Hybrid Events in inszenatorischer Hinsicht sehr nah an TV-Produktionen. Dem Regisseur obliegt letztendlich die Verantwortung für das Gelingen des Events.

▶ **WICHTIG:** Es macht absolut Sinn, den Event-Regisseur frühzeitig mit in die Planung einzubeziehen, da er Fehler in der Ablaufplanung vermeiden und wertvolle Tipps für eine funktionierende, wirksame Umsetzung geben kann.

Aufgabe des Event-Regisseurs

Zum Handwerkszeug eines guten Regisseurs gehören zuallererst Ruhe und Übersicht. Vor Ort orchestriert er alle Beteiligten. Er sorgt dafür, dass die geplanten

Abläufe (Proben und Event) eingehalten werden. Wenn nötig, modifiziert er Abläufe und Details und kümmert sich darum, dass die Änderungen auch direkt umgesetzt werden. Die Umsetzung der Gesamt-Dramaturgie, eine abwechslungsreiche Inszenierung und perfekt getimte Übergänge sind die Königsdisziplinen des Event-Regisseurs.

Der Regieplan ist das wichtigste Arbeitsdokument für Regisseur, Technik und alle sonstigen am Ablauf beteiligte Gewerke. Er ist verbindlich und muss daher immer auf dem aktuellsten Stand sein.

> **WICHTIG:** Proben sind elementar für das Gelingen. „Was nicht geprobt wird, findet nicht statt!" sind die geflügelten Worte vieler Event-Regisseure. Proben sind mit der gleichen Disziplin und Genauigkeit durchzuführen wie das darauf aufbauende Live-Event.

How to Online-Event – Die Nachbereitung

Nach dem Event ist vor dem Event: Gegen das schwarze Loch
Sie kennen es bestimmt: das schwarze Loch nach der Veranstaltung. Allzu oft wird dieser Aspekt leider vergessen: Was passiert nach dem Event? Wenn die Teilnehmer begeistert, aktiviert und motiviert zurück in den (Arbeits-)Alltag gehen?

Im Idealfall geschieht das, was bereits vor dem Event in Gang gesetzt worden ist: sinnstiftende Kommunikation!

Einsatz der Event- und Kommunikations-App
In der *phygitalen* Event-Welt drängt sich der frühzeitige Aufbau der Kommunikationsstrecke mit den Teilnehmern geradezu auf. Event- und Kommunikations-Apps stehen hier hoch im Kurs. Sie bieten einem klar zu definierenden Nutzerkreis optimalen Mehrwert. Über dezidierte Apps kann der Absender mit den Teilnehmern in den direkten Austausch gehen, sie informieren und aktivieren – eine Community formen. Und dies, im Sinne einer konsequent geplanten Kommunikationsstrecke, auch und erst recht nach dem eigentlichen Event. Im besten Fall fungiert die Event- und Kommunikations-App (inkl. Browser-Variante) als Zugang für das Event-Streaming – alles in allem also eine zentrale Plattform, die für alle Belange eingesetzt werden kann und optimalen Nutzen bietet.

Auch die Einstellungs- und Erfolgsmessung bei den Teilnehmern ist im Zuge von Online-Events wesentlich leichter und sehr zu empfehlen. Selbstverständlich

immer DSGVO-konform können verschiedenste Themen leicht evaluiert und aus-
gewertet werden: Beteiligung, Aktivierungsraten, Wissensstand vor und nach der
Veranstaltung, Bekanntheitsgrade etc. Wenn dann noch die Sozialen Medien konsequent genutzt werden, um die Inhalte und die Community lebendig zu halten,
schließt sich der 360-Grad Kommunikationskreislauf, in dem smarte Events eine
ganz zentrale Rolle spielen.

Was Sie aus diesem *essential* mitnehmen können

- Konkretes Wissen für die Entwicklung und Umsetzung smarter Events
- Orientierung und Hilfestellung zur smarten Weiterentwicklung der eigenen Veranstaltungen (Online und Onsite)
- Anregungen zur Umsetzung einer 360-Grad-Kommunikation
- Handlungsempfehlungen entlang erfolgreicher Beispiele aus der Praxis
- Motivation, es mit einem Onsite- und Online-Mix zu versuchen
- Impulse für die Schaffung von Aktivierung, Erlebbarkeit und Orientierung für die Teilnehmer

Verwendete und ergänzende Literatur

Altenbeck, D., & Luppold, S. (2021). *Inszenierung und Dramaturgie für gelungene Events.* Springer Gabler

Bühnert, C. (2021). Veranstaltungsformate. In M. Dinkel, S. Luppold, & C. Schröer, (Hrsg.), *Handbuch Messe-, Kongress- und Eventmanagement* (2. Aufl.). Duncker & Humblot. O.S.

Dams, C. M., & Luppold, S. (2016). *Hybride Events. Zukunft und Herausforderung für Live-Kommunikation.* Springer Gabler

Graf, M., & Luppold, S. (2018). *Event-Regie: Der spannende Weg vom ersten Konzept zur finalen Show – eine 360-Grad-Betrachtung der Live-Inszenierung.* Springer Gabler

Kirchgeorg, M., Springer, C., & Brühe, C. (2009). *Live Communication Management.* Gabler

Knoll, T. (2018). *Veranstaltungsformate im Vergleich. Entscheidungshilfen zum passgenauen Event.* Springer Gabler

Nufer, G., & Bühler, A. (2015). *Event-Marketing in Sport und Kultur. Konzepte – Fallbeispiele – Trends.* Schmidt

Rifel. (2020). Die gesamtwirtschaftliche Bedeutung der Veranstaltungsbranche. http://rifel-institut.de/fileadmin/Rifel_upload/3.0_Forschung/Meta-Studie_gesamtwirtschaftliche_Bedeutung_der_Veranstaltungsbranche_RIFEL.pdf (Zugegriffen: 25. März. 2021).

Wiesner, K. (2020). *360-Grad-Marketing. Potenziale der integrierten Stakeholder-Interaktion voll ausschöpfen.* Kohlhammer.

Printed in the United States
by Baker & Taylor Publisher Services